LE PERROQUET

COMÉDIE EN UN ACTE

PAR

RAOUL DE NAJAC

PARIS

A. HENNUYER, IMPRIMEUR-ÉDITEUR

47, RUE LAFFITTE, 47

—

1888

LE PERROQUET

LE PERROQUET

COMÉDIE EN UN ACTE

PAR

RAOUL DE NAJAC

PARIS

A. HENNUYER, IMPRIMEUR-ÉDITEUR

47, RUE LAFFITTE, 47

—

1888

Droits de reproduction et de traduction réservés.

A SON PERROQUET

AZUR

dont le beau plumage jaune et bleu

charme les yeux

et qui prononce si bien le nom de Marguerite

l'auteur

dédie cette petite comédie.

PERSONNAGES.

LA BARONNE DE SAINT-ÉLOI, soixante ans.

MARGUERITE BERNARD, quinze ans.

BAPTISTINE, servante, vingt-cinq ans.

Mme PIGEONNET, quarante-cinq ans.

ARMIDE, sa fille, vingt ans.

LE PERROQUET

Chez la baronne de Saint-Eloi. Un salon très simplement meublé. Fenêtre au fond. Près de la fenêtre un guéridon. Une table avec un panier à ouvrage. Portes latérales.

SCÈNE PREMIÈRE.

BAPTISTINE, Mme PIGEONNET, ARMIDE.

(Elles entrent par la droite. Baptistine introduit Mme Pigeonnet et Armide.)

Mme PIGEONNET.

Ah ! je suis bien fâchée que Mme de Saint-Eloi soit absente. J'ai à l'entretenir de choses très importantes.

BAPTISTINE.

Mme la baronne ne tardera sans doute pas à rentrer, et si vous désirez l'attendre...

Mme PIGEONNET.

C'est cela, nous l'attendrons. Pourriez-vous me dire si votre maîtresse a terminé la broderie, style Renaissance, que je lui ai commandée ?

BAPTISTINE.

Mme la baronne n'a pas l'habitude de m'initier à ses travaux. C'est tout naturel. Quand on est dans la situation précaire de Mme la baronne, on évite autant que possible d'avouer à ses inférieurs qu'après avoir goûté dans sa jeunesse des douceurs de l'opulence on est condamné à travailler pour vivre.

Mme PIGEONNET.

Mais il n'y a pas de honte à travailler pour vivre.
(A sa fille.) **Armide, n'es-tu pas de mon avis ?**

ARMIDE.

Oui, maman.

BAPTISTINE.

Je ne dis pas que Mme la baronne rougisse de faire
des ouvrages à l'aiguille et au crochet destinés à orner
la devanture de votre boutique, madame Pigeonnet.
Non, je ne dis pas cela. Mais vous conviendrez que la
pauvreté est moins pénible pour ceux qui depuis leur
enfance y sont habitués, que pour ceux qui jusqu'à un
âge avancé ont ignoré toute privation.

Mme PIGEONNET.

Vous me paraissez aimer votre maîtresse.

BAPTISTINE.

En effet, je l'aime. Cela tient à ce qu'elle m'a tou-
jours témoigné une grande bonté. Nous autres domes-
tiques, nous avons tout intérêt à nous concilier les
sympathies de nos maîtres. Je vous avouerai, madame,
que dans mes moments perdus j'ai beaucoup lu et par
conséquent beaucoup appris. Quand je me livre à des
travaux qui n'absorbent pas mon attention, j'observe
ce qui se passe autour de moi. L'expression va vous
sembler un peu forte, mais elle est exacte : je suis de-
venue philosophe. Aussi, lorsque, l'an dernier, Mme la
baronne, après avoir renvoyé la cuisinière et le valet
de chambre, m'a dit : « Baptistine, il m'en coûte beaucoup de me séparer de vous ; mais vos gages sont trop
élevés pour que je puisse vous garder à mon service »,

j'ai répondu sans hésiter : « On sait qui l'on quitte, madame la baronne ; on ne sait pas chez qui l'on va. Si madame la baronne est satisfaite de moi, qu'elle me garde aux conditions qu'il lui plaira de fixer. »

Mme PIGEONNET.

C'est du dévouement.

BAPTISTINE.

Non, c'est de la philosophie. Mais cette philosophie ne doit pas me faire oublier que j'ai un ragoût sur le feu. Madame Pigeonnet me permettra de vaquer à mes occupations culinaires.

Mme PIGEONNET.

Certainement. Nous attendrons ici Mme de Saint-Éloi.

BAPTISTINE.

Vous trouverez des albums sur la table.

Mme PIGEONNET.

Merci.

(Baptistine sort par la droite.)

SCÈNE II.

Mme PIGEONNET, ARMIDE.

Mme PIGEONNET.

Armide, la démarche que je fais est très grave. Ton avenir en dépend. Si cette servante est philosophe, moi, je suis ambitieuse, et je caresse un rêve...

ARMIDE.

Ça peut donc se caresser, les rêves ?

Mme PIGEONNET.

Oui, métaphoriquement. Qu'es-tu aujourd'hui, mon Armide ? Simplement la fille d'une modeste boutiquière, Mme Pigeonnet. Tu me répondras que notre maison, A LA QUENOUILLE DE PÉNÉLOPE, spécialité d'ouvrages de dames, 44 *bis*, rue du Bac, a une clientèle éminemment aristocratique. Je te l'accorde ; mais tu n'en demeures pas moins Mlle Pigeonnet. Il ne faut pas oublier que tu entres dans ta vingt et unième année et que je n'ai pas encore de gendre. Eh bien, ce gendre, je le veux beau...

ARMIDE.

Moi aussi, maman.

Mme PIGEONNET.

Riche...

ARMIDE.

Moi aussi, maman.

Mme PIGEONNET.

Et noble.

ARMIDE.

Vraiment, maman !

Mme PIGEONNET.

Mon plan est fort simple. La baronne de Saint-Eloi, née de Château-Yquem, appartient à la fine fleur de l'aristocratie. Les Château-Yquem, vieille noblesse de Gascogne, fournissent un nombre incalculable de quartiers. Quant aux Saint-Eloi, tout le monde sait qu'ils remontent au règne de Dagobert Ier. M. de Château-Yquem avait deux filles, l'une beaucoup plus âgée que l'autre. L'aînée, Olympe, épousa le baron de Saint-Eloi, et à la mort de son père se chargea de la tutelle de sa sœur Laure. Celle-ci voulut à toute force épouser un obscur ingénieur du nom de Bernard. D'où mécontentement des Saint-Eloi, suivi de brouille entre les deux sœurs. Le baron mourut, après s'être ruiné complètement au jeu, et Mme Bernard, dont le mari s'enrichissait en construisant des machines, et qui souffrait de savoir sa sœur dans la misère, essaya de se réconcilier avec cette dernière. La baronne répondit à sa sœur qu'elle ne lui pardonnerait jamais d'avoir insulté à la mémoire de leurs ancêtres, en épousant un roturier. Je crois même qu'elle a dit : « un vil manant ».

ARMIDE.

Mais, maman, je ne comprends pas...

Mme PIGEONNET.

Tu vas comprendre. Donc la baronne est brouillée avec sa famille, et pour subvenir aux nécessités de l'existence, elle n'a absolument que l'argent qu'elle gagne avec les tapisseries et les broderies que je lui achète. Si je cessais de prendre ses ouvrages, comme elle n'est pas femme à courir les magasins afin de s'ouvrir d'autres débouchés, la pauvre baronne risquerait fort de mourir de faim. Or, mon intention est d'agiter devant elle le spectre de la famine.

ARMIDE.

Pourquoi, maman ?

Mme PIGEONNET.

Je m'étonne, Armide, qu'étant ma fille tu sois si peu perspicace. Je menacerai la baronne de ne plus la faire travailler... à moins qu'elle ne consente à me trouver un gendre dans les salons du faubourg Saint-Germain où, malgré sa pauvreté, elle continue à être reçue. Et voilà comment tu es destinée à devenir marquise ou tout au moins comtesse.

ARMIDE.

Oh ! quel bonheur, maman ! Tu me feras broder une grande couronne sur mes mouchoirs.

Mme PIGEONNET.

Silence ! on vient.

SCÈNE III.

LES MÊMES, MARGUERITE, BAPTISTINE.

(Elles entrent par la droite. Marguerite tient à la main une cage
dans laquelle se trouve un perroquet.)

BAPTISTINE, introduisant Marguerite.

Mme la baronne ne peut tarder à rentrer, mademoiselle, et si vous voulez l'attendre... Mais laissez-moi vous débarrasser de cette cage. (Elle prend la cage et va la poser sur le guéridon, près de la fenêtre.) Ah ! le joli perroquet ! Est-il méchant ?

MARGUERITE.

Il mord quelquefois les personnes qu'il ne connaît pas.

BAPTISTINE.

Je ne mettrai pas mon doigt à la portée de son bec.

MARGUERITE.

Mais il se familiarise très vite.

BAPTISTINE.

Parle-t-il?

MARGUERITE.

Admirablement bien.

Mme PIGEONNET, à Armide.

Impossible devant cette jeune fille de parler à la baronne de ce que tu sais. Nous reviendrons. (A Baptistine.) Nous ne pouvons attendre plus longtemps votre maîtresse. Vous lui direz que nous sommes désolées de ne pas l'avoir trouvée. (Elle se dirige vers la droite et s'aperçoit qu'Armide ne la suit pas.) Que fais-tu donc, Armide?

ARMIDE, près de la cage.

Je regardais le perroquet, maman. (Elle rejoint sa mère.)

BAPTISTINE, reconduisant les dames Pigeonnet.

Madame la baronne regrettera certainement d'avoir manqué votre visite.

(Elles sortent par la droite.)

SCÈNE IV.

MARGUERITE, seule, allant regarder à la fenêtre.

En bas, ma mère, blottie au fond de son coupé, attend que je lui fasse dire de monter. Que je serais heureuse si je parvenais à mener à bien l'entreprise dans laquelle je me suis engagée. (Se regardant dans la glace de la cheminée.) Un dernier coup d'œil à ma toilette. Elle est tout à fait en rapport avec le rôle que je vais jouer. Ah! ce rôle, j'ai grand'peur de ne pas réussir à le jouer convenablement. Si cela ne dépendait que de moi seule, j'aurais moins d'inquiétude. Mais cela dépend aussi de Jacquot, de sa bonne volonté, de son éloquence, et de l'accueil qu'on va lui faire. Vas-tu, mon pauvre perroquet, être à la hauteur de ta mission? Sauras-tu profiter des leçons que je t'ai données? Tu n'es pas habitué à te promener en voiture. Tâche de te remettre bien vite de ton émotion. Oh! qu'il est mignon, qu'il est gentil, le Jacquot! Il a l'air de me comprendre. C'est qu'il est très intelligent, mon perroquet. Oui, Jacquot, tu es très intelligent. Ça le met de bonne humeur quand on lui fait des compliments.

SCÈNE V.

MARGUERITE, LA BARONNE.

(La baronne entre par la droite. Elle ôte son châle et son chapeau
qu'elle pose sur une chaise.)

LA BARONNE, à part.

Baptistine vient de me dire qu'il y a dans le salon une jeune fille et un perroquet qui m'attendent. (Apercevant Marguerite et toussant pour signaler sa présence.) Hum! hum!

MARGUERITE, se retournant vivement.

Ah!... C'est à madame la baronne de Saint-Eloi que j'ai l'honneur de parler?

LA BARONNE.

Oui, mademoiselle.

MARGUERITE.

Je suis la fille du marchand d'oiseaux qui demeure dans votre rue.

LA BARONNE.

Il y a donc un oiseleur dans ma rue ?

MARGUERITE.

Oui, madame, au numéro... au numéro 10.

LA BARONNE.

Au numéro 10. Je ne l'ai jamais remarqué. Il est vrai que les bêtes m'intéressent peu.

MARGUERITE.

Ah ! les bêtes ne vous intéressent pas, madame. Quel dommage ! Mon père... mon père, le marchand d'oiseaux, qui vous voit souvent passer devant notre boutique, me disait sans cesse que le jour où il aurait un oiseau auquel il tiendrait beaucoup, il aimerait mieux vous le donner que de le vendre à une personne qu'il ne connaît pas. (A part.) Mon Dieu, qu'il est difficile de mentir, même dans une bonne intention !

LA BARONNE.

Votre père, mon enfant, est trop aimable.

MARGUERITE.

Aussi, quand il a reçu le perroquet que voici, s'est-il écrié tout de suite : «Jamais cet oiseau n'ira autre part que chez Mme la baronne de Saint-Eloi ! »

LA BARONNE, à part.

Le père de cette fillette est un grand original.

MARGUERITE, à part.

Pourvu qu'elle me croie !

LA BARONNE.

Je ne vois pas en quoi je suis indispensable à ce perroquet.

MARGUERITE.

Oh ! madame, c'est bien facile à comprendre. Rien n'est plus facile... (A part.) C'est au contraire fort difficile. (Haut.) Une personne comme vous qui descendez d'une des plus grandes familles de France...

LA BARONNE.

Cela est vrai.

MARGUERITE.

Vous en convenez vous-même. Eh bien, madame, ce perroquet, qui est tout à fait exceptionnel dans son genre, qui parle comme aucun de ses semblables n'a encore parlé, doit naturellement appartenir à une personne très distinguée, qui soit en état d'apprécier son mérite. (A part.) Elle va peut-être croire que je me moque d'elle.

LA BARONNE, à part.

Elle a l'air embarrassé. Me dit-elle la vérité ?

MARGUERITE, à part.

Elle hésite à accepter le perroquet.

LA BARONNE, à part.

J'ai deviné. Le père de cette enfant doit être un de ces rares cœurs qui ont conservé le culte des traditions, malgré la vulgarité de leur état. Les voisins, Baptistine sans doute, lui auront parlé de moi. Il se sera apitoyé sur le sort de la baronne de Saint-Eloi, née de Château-Yquem, et aura voulu, d'une façon délicate, m'obliger à accepter de lui un cadeau, qu'il croit de nature à égayer ma solitude. Cet oiseleur est un brave homme. J'accepterai son cadeau, pour lui être agréable ; car je n'aime pas les perroquets, qui vous brisent la tête de leurs cris. (Haut.) Ma chère enfant, je suis très heureuse d'avoir ce perroquet. Vous voudrez bien le dire à votre père, en attendant que j'aille moi-même le remercier.

MARGUERITE à part.

Quel bonheur ! elle accepte. (Haut.) C'est bien inutile, madame, d'aller remercier mon père. Il ne faut pas que vous vous donniez cette peine.

LA BARONNE.

Mais j'y tiens essentiellement.

MARGUERITE.

D'ailleurs, vous ne le trouverez pas maintenant. Il vient de partir. Il est allé chercher des serins... aux îles Canaries.

LA BARONNE.

J'attendrai son retour... Laissez-moi vous regarder, mon enfant. Vous êtes jolie, très jolie. Vos traits me rappellent... Quel âge avez-vous ?

MARGUERITE.

Quinze ans.

LA BARONNE.

Et vous vous appelez ?

MARGUERITE.

Marguerite.

LA BARONNE.

J'ai une nièce qui a le même âge et le même nom que vous.

MARGUERITE.

Ah !

LA BARONNE.

Mais je ne sais si elle est aussi jolie que vous.

MARGUERITE.

Pourquoi donc ?

LA BARONNE.

Parce que je ne l'ai jamais vue. Je suis brouillée avec ses parents.

MARGUERITE.

Ils doivent bien le regretter... Vous avez l'air si bon.

LA BARONNE, à part.

Elle est adorable, cette fillette.

MARGUERITE.

Adieu, madame.

LA BARONNE.

C'est au revoir qu'il faut dire. J'espère que vous viendrez souvent prendre des nouvelles de votre oiseau, que je ne considère du reste que comme un simple dépôt.

MARGUERITE.

Je vous remercie, madame, de la permission que vous me donnez. Je reviendrai.

LA BARONNE.

Souvent.

MARGUERITE.

Très souvent.

LA BARONNE, à part, en la regardant.

Cette ressemblance est curieuse. (Marguerite se dirige vers la droite.) A bientôt, mademoiselle Marguerite.

MARGUERITE, saluant.

Votre servante, madame. (Elle sort par la droite.)

SCÈNE VI.

LA BARONNE, seule.

C'est étonnant comme cette enfant ressemble à ma sœur Laure, lorsque celle-ci avait son âge. Ah ! ma sœur, vous avez dû bien changer depuis la dernière fois que nous nous sommes vues, et peut-être ne vous reconnaîtrai-je plus. (Elle s'assied près de la table.) Voyons, dépêchons-nous de terminer cette broderie que m'a commandée Mme Pigeonnet, et dont le prix doit m'aider à payer le terme de mon loyer. (Elle a mis des lunettes et travaille.) Nous étions deux demoiselles de Château-Yquem. L'une est pauvre, parce qu'elle n'a pas voulu déroger ; l'autre jouit d'une grande fortune, parce qu'elle n'a pas craint de se mésallier. Bah ! je ne changerais pas l'écusson des Saint-Eloi, tout dédoré qu'il est, contre les écus du ménage Bernard, tout nombreux qu'ils sont.

LE PERROQUET [1].

Portez armes !

LA BARONNE, se levant brusquement.

J'ai entendu : « Portez armes ! » Il y a donc ici un militaire ?

LE PERROQUET.

Rataplan, rataplan, plan, plan, plan.

[1] La personne qui fait la voix du perroquet doit être cachée derrière la fenêtre.

LA BARONNE.

Ah ! c'est le perroquet. Il m'a fait une peur...

LE PERROQUET.

As-tu déjeuné, Jacquot ? Oui, oui, oui ! Qu'il est beau, Jacquot ! Oui, oui, oui, oui !

LA BARONNE, se remettant à travailler.

En vérité, cet oiseau est très amusant.

LE PERROQUET.

Marguerite ! Marguerite !

LA BARONNE.

Comme il prononce bien le nom de Marguerite ! C'est sans doute la fille de l'oiseleur qui le lui aura appris. Chaque fois que j'entends prononcer ce nom, je ne puis m'empêcher de penser à ma nièce, à la fille de ma sœur Laure.

LE PERROQUET.

Marguerite... Marguerite aime bien la tante Olympe.

LA BARONNE, se levant vivement.

Que dit-il ? Je crois avoir entendu mon nom.

LE PERROQUET, chantant.

J'ai du bon tabac dans ma tabatière,
J'ai du bon tabac, tu n'en auras pas.

(Parlant.) Oh ! oui, Marguerite aime bien la tante Olympe.

LA BARONNE.

Je ne me trompais pas. Il a dit : « Marguerite aime bien la tante Olympe. » La tante Olympe, c'est moi.

LE PERROQUET.

Elle a du chagrin, la pauvre petite Marguerite... La tante Olympe... elle fait pleurer Marguerite.

LA BARONNE.

« Elle fait pleurer Marguerite. » Mais je ne veux pas qu'elle pleure, la chère mignonne. Qu'est-ce que je dis là? Cette Marguerite n'est autre que la fille de l'oiseleur. Pourquoi n'aurait-elle pas une tante du nom d'Olympe?

LE PERROQUET.

Elle a du chagrin, Marguerite... Oui, oui, oui, oui!

LA BARONNE.

Et pourtant... ce perroquet qui prononce si bien mon nom et celui de ma nièce, qui m'est offert par un inconnu, que m'apporte une jeune fille timide et embarrassée, ce perroquet cache peut-être un mystère... Le marchand d'oiseaux, m'a dit sa fille, demeure dans ma rue, au numéro 10. Par lui, je saurai tout. *(Elle met son châle et son chapeau.)*

SCÈNE VII.

LA BARONNE, Mme PIGEONNET et ARMIDE,

entrant par la droite.

Mme PIGEONNET.

Oh! madame, que je suis donc contente de vous trouver! Voici la deuxième fois que ma fille et moi, nous...

LA BARONNE.

Vous venez chercher votre broderie, madame Pigeonnet? Je ne l'ai pas tout à fait terminée. Mais il s'en faut de bien peu. Si vous avez à me donner d'autres commandes, soyez donc assez bonne pour m'attendre ici. Je serai de retour dans cinq minutes. (A part.) Oh ! ce perroquet ! ce perroquet ! (Elle sort par la droite.)

SCÈNE VIII.

Mme PIGEONNET, ARMIDE, BAPTISTINE, MARGUERITE.

Mme PIGEONNET, à sa fille.

Comme elle est agitée !

BAPTISTINE, entrant par la gauche.

Mme la baronne est partie. Vous pouvez vous montrer, mademoiselle.

(Marguerite entre par la gauche.)

Mme PIGEONNET, à part.

Encore la jeune fille au perroquet !

BAPTISTINE, à Mme Pigeonnet.

Mademoiselle est la nièce de Mme la baronne.

Mme PIGEONNET.

Mademoiselle Bernard ?

MARGUERITE.

Oui, madame.

Mme PIGEONNET.

Je suis une vieille amie de votre tante.

MARGUERITE.

Alors, vous savez...

Mme PIGEONNET.

Que votre mère et votre tante sont brouillées. Ah ! c'est bien fâcheux.

MARGUERITE.

Oui, c'est bien fâcheux ; car ma tante n'est pas très heureuse, et il ne dépend que d'elle de l'être en venant vivre avec nous.

Mme PIGEONNET, à part.

Cela ne ferait pas du tout mon affaire. (Haut.) Mais, mademoiselle, je ne m'explique pas votre présence ici.

BAPTISTINE.

C'est que mademoiselle a imaginé un moyen des plus ingénieux pour apaiser la colère de sa tante. Elle vient de me l'exposer ; et je vous avoue que je ne l'aurais pas trouvé toute seule. Cependant, j'ai la prétention de n'être pas une sotte.

MARGUERITE.

Nous possédons, depuis quelques années, un perroquet qui parle d'une façon remarquable. (Montrant la cage.) Le voici, d'ailleurs. Or, dernièrement, mon institutrice m'a raconté l'histoire d'un empereur d'Orient, qui s'appelait Basile et qui, croyant à tort que son fils Léon lui voulait du mal, le fit mettre en prison. Le jeune prince avait un perroquet auquel on enseigna à dire : « Pauvre Léon ! » et qu'on plaça dans la chambre de l'empereur. Lorsque Basile entendit le perroquet qui répétait toute la journée d'une voix triste : « Pauvre Léon !... pauvre Léon ! » il s'attendrit sur le sort de son fils et lui rendit la liberté.

BAPTISTINE.

C'est une belle chose que l'histoire. Il faudra que je l'étudie.

Mme PIGEONNET.

Armide, tu connaissais cette anecdote?

ARMIDE.

Non, maman.

MARGUERITE.

Vous comprenez maintenant pourquoi j'ai amené ici mon perroquet, qui sait très bien dire...

LE PERROQUET.

Pauvre Marguerite !

MARGUERITE.

Vous l'entendez.

ARMIDE.

C'est vrai, maman, qu'il a dit: « Pauvre Marguerite! »

Mme PIGEONNET, à part.

Je ne l'ai que trop entendu cet oiseau de malheur qui renverse toutes mes combinaisons. Du jour où la baronne n'aura plus besoin de moi, elle ne voudra jamais s'occuper de l'établissement de ma fille, et alors adieu le gendre de mes rêves, beau, riche et noble !

BAPTISTINE, qui a regardé à droite.

Voici Mme la baronne.

MARGUERITE.

Il ne faut pas qu'elle me voie.

BAPTISTINE.

Venez de ce côté.

(Elles sortent par la gauche.)

SCÈNE IX.

Mme PIGEONNET, ARMIDE, LA BARONNE.

LA BARONNE, entrant par la droite, à part.

Il n'y a pas le moindre oiseleur au numéro 10. J'ai interrogé le concierge. Il n'y a jamais eu d'oiseleur dans cette maison, ni même dans la rue. Donc, on s'est moqué de moi. (Haut.) Ah! ma chère madame Pigeonnet, je suis indignée!

Mme PIGEONNET.

Et pourquoi, madame?

LA BARONNE.

Figurez-vous que je viens d'être le jouet d'une impertinente mystification.

Mme PIGEONNET.

D'une impertinente mystification! Ah! que nous vous plaignons! N'est-ce pas, Armide, que tu plains Mme de Saint-Éloi?

ARMIDE.

Oui, maman.

LA BARONNE.

Et savez-vous quel est l'auteur présumable de cette mystification? Mon propre beau-frère, ce roturier qui s'est introduit dans ma famille et qui, d'une Château-Yquem, a fait une Bernard! Mais ce qui me trouble... mais ce que je ne m'explique pas, c'est le mobile auquel il a obéi en m'envoyant un perroquet, qui ne cesse de répéter le nom de ma nièce et le mien.

Mme PIGEONNET.

Ce mobile, je le devine. Il ne s'agit pas d'une impertinente mystification, madame ; non, il s'agit d'une
odieuse machination. Votre beau-frère a une fille qu'il
désire, un jour, marier et bien marier. Comme il s'ap-
pelle Bernard tout court, ses relations, naturellement,
ne sont pas brillantes. Il voudrait que vous, qui con-
naissez le dessus du panier de la noblesse française,
vous lui trouviez un gendre, et dans cette intention il
vous fait des avances par le canal de son perroquet.

LA BARONNE.

Ah ! il peut compter sur moi pour lui trouver un
gendre, à ce Bernard, que le diable emporte. Mais
j'aimerais mille fois mieux, madame Pigeonnet, vous
en trouver un.

Mme PIGEONNET, à part.

Je ne demande que cela.

LA BARONNE.

C'est que je connais plusieurs gentilshommes ac-
complis qui sont tout disposés à se marier. Nous
avons le petit vicomte de la Cotelirault...

Mme PIGEONNET, à part. regardant Armide.

Vicomtesse !

LA BARONNE, continuant.

Le grand marquis de Farmoutier...

Mme PIGEONNET, même jeu.

Marquise !

LA BARONNE.

Nous avons encore... Mais c'est un Polonais...

Mme PIGEONNET.

Qu'importe !

LA BARONNE.

Le prince Pouletexki.

Mme PIGEONNET, même jeu.

Princesse !

LA BARONNE.

Mais si l'un de ces jeunes gens consentait à devenir le gendre d'un Bernard, je lui tournerais le dos.

Mme PIGEONNET.

Et vous auriez raison.

LA BARONNE.

Quant à ce perroquet, madame Pigeonnet, quant à ce perroquet, je vais le renvoyer à son propriétaire, après l'avoir étranglé de mes propres mains ! (Elle se dirige vers la cage.)

ARMIDE, bas, à sa mère.

Maman, elle dit qu'elle va étrangler M. Bernard.

Mme PIGEONNET.

Tais-toi donc !

LE PERROQUET.

Pauvre Marguerite... Elle a du chagrin, la pauvre petite Marguerite !

LA BARONNE, s'arrêtant.

« Elle a du chagrin, la pauvre petite Marguerite. »

Mme PIGEONNET.

N'en croyez rien. Il n'y a pas d'animal qui soit plus menteur que le perroquet.

SCÈNE X.

LES MÊMES, MARGUERITE, BAPTISTINE,
entrant par la gauche.

LA BARONNE, sans voir Marguerite.

« Elle a du chagrin, la pauvre petite Marguerite. »
Je ne sais ce que je ressens... Cet oiseau plaint ma
nièce. Aurait-il un cœur, et moi, n'en aurais-je pas?
Cela se pourrait bien. Je n'aime personne. On doit
dire partout que la baronne de Saint-Eloi est une
vieille égoïste. C'est une leçon qu'il me donne, cet
oiseau... Mais pourquoi donc ma nièce aurait-elle du
chagrin?

MARGUERITE, s'approchant de la baronne et lui tendant son front.

Parce que sa tante ne l'a jamais embrassée.

LA BARONNE, l'embrassant avec transport.

Ah ! ma nièce, mon enfant !... Tu m'aimes donc !...
Laisse-moi te regarder... Que tu es jolie!... Mais
que me contiez-vous donc, madame Pigeonnet ? Cette
enfant ne peut songer encore à se marier.

Mme PIGEONNET.

En effet, madame, je me trompais. C'est Armide
qui, elle, est en âge de se marier, et le prince Pouletexki ou même le marquis de Farmoutier...

LA BARONNE.

N'aura jamais, comme belle-mère, une Mme Pigeonnet.

Mme PIGEONNET.

Qui vous fait vivre, cependant.

MARGUERITE.

Pardon, madame. Ma tante n'a besoin de personne. Il a plu à la baronne de Saint-Éloi de vivre pendant quelque temps du fruit de son travail. Son courage mérite notre admiration. Si elle a eu des moments pénibles à passer, sa sœur et sa nièce se chargent de les lui faire oublier.

LA BARONNE.

Ah! mignonne, que je regrette de ne pas t'avoir connue plus tôt.

MARGUERITE.

Ma bonne tante, nous rattraperons le temps perdu.

ARMIDE.

Maman, si j'épousais le prince Pouletexki, on m'appellerait la princesse Pouletexkise.

BAPTISTINE.

Non, mademoiselle; on vous appellerait la princesse Pouletextra.

MARGUERITE, à Baptistine.

Veuillez dire à ma mère de monter.

BAPTISTINE, sortant par la droite.

Oui, mademoiselle.

LE PERROQUET.

Pauvre petite Marguerite!

MARGUERITE, prenant la main de la baronne.

Il ne faut pas me plaindre, Jacquot; car maintenant Marguerite est bien heureuse.

Rideau.

A. HENNUYER, IMPRIMEUR-ÉDITEUR, 47, RUE LAFFITTE.

| DUPEUTY (A.). | Blanche de Césanne, proverbe en un acte (5 personnages). In-8º. | 1 fr. 50 |
| NUITTER (Ch.). | La Cage d'or, proverbe en un acte (5 personnages). In-8º. | 1 fr. 50 |

CHARADES EN ACTION

CÉLIÈRES (Paul).	L'Incomparable Zuléma, charade en trois parties (8 personnages).	1 fr.
—	Un Diner de huit couverts, charade en trois parties (2 personnages).	1 fr.
—	Le Gibier de Son Altesse, charade en trois parties (9 personnages). In-18.	1 fr.
—	Le Nez du marquis, charade en trois parties (7 personnages). In-18.	1 fr.
ADENIS (Jules).	Marionnette, charade en trois parties (7 personnages). In-18.	1 fr.
—	La Fête de Colombine, charade en trois parties (7 personnages). In-18.	1 fr.
—	L'Adroite princesse, charade en trois parties (6 personnages). In-18.	1 fr.

MONOLOGUES

LALUYÉ (Léopold).	Fleurissez-vous, Mesdames. In-18.	50 c.
—	Ah! le bal! In-18.	50 c.
BEISSIER (Fern.).	Le Nouveau. In-18.	50 c.
—	Mon bon Monsieur Croquemitaine! In-18.	50 c.
—	Petit Noël. In-18.	50 c.
—	C'est pour demain! In-18.	50 c.

VAUDEVILLES

| JOUSLIN DE LA SALLE. | La Marquise invisible, vaudeville en un acte (7 personnages). | 1 fr. 50 |
| DUFLOT (J.). | Les Ouvrières de qualité, vaudeville en un acte (7 personnages), musique de J. Nargeot. | |

POÉSIES

PAUL CÉLIÈRES.	Le Premier Brin d'herbe.	50 c.
—	Un Rayon de soleil, fantaisie.	50 c.
—	Une Larme.	50 c.

Paris. — Typographie A. Hennuyer, rue Darcet, 7